# Brocha

# y

# PINCEL

Alma Flor Ada
F. Isabel Campoy

SANTILLANA USA

© Del texto: 2000, Alma Flor Ada y F. Isabel Campoy
© De esta edición:
2019, Vista Higher Learning, Inc.
500 Boylston Street, Suite 620.
Boston, MA 02116-3736
www.vistahigherlearning.com
www.loqueleo.com/us

**PUERTAS AL SOL** / Arte B: *Brocha y pincel*

ISBN: 978-1-63113-535-4

Dirección de arte: Felipe Dávalos
Diseño: Arroyo+Cerda S.C.
Portada: Roberto Benítez, *Cosecha de verano*
Editor: Norman Duarte
Montaje de Edición 15 años: GRAFIKA LLC.

Published in the United States of America.

1 2 3 4 5 6 7 8 9 GP 24 23 22 21 20 19

A nuestras madres, Alma y María,
que nos dieron el arte de ver hermosa
la vida.

# Cada día

Mira la calle
desde tu ventana
y dale toda la belleza
de tus ojos.

*La mujer del granjero,*
de Joan Miró.

P intor anónimo,
aquí estás,
en estos brazos,
un gallo
y mi mirar.

*Niña con gallo*
(anónimo)

Cresta roja,
pico fuerte,
sonoro quiquiriquí.
Gallito fino.

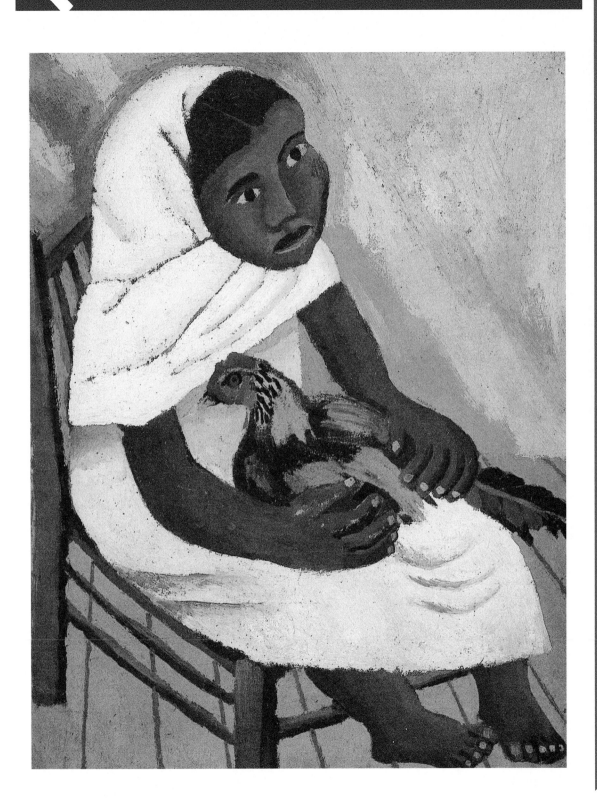

**T**ú que pintas
alas blancas,
¡pinta en ellas
paz
y libertad!

*Tocororo*,
de **Ramón de la Sagra**.

Alas ligeras,
vivos colores,
canto en la rama.
Pájaro libre.

%

*TROGON temnurus.* Temm

*Culg.* TOCORORO.

Prunes pinx.

Bougourd imp.

Guyard sculp.

S eñor don Botero,
pintor gordinflón.
¿Por qué el que pintas
parece un glotón?

*Naturaleza muerta con sopa verde,*
de **Fernando Botero**.

Bigotes largos,
orejas puntiagudas,
ronroneo amistoso.
Gato sedoso.

**G**oya, pintor de la corte,

pintó reyes y princesas.

Goya, amante del color,

pintó paisajes, juegos y fiestas.

*Dos niños con dos perros,*
de **Francisco de Goya.**

Oído agudo,

lomo firme,

ladrido protector.

Perro fiel.

**P**ablo Picasso,
rey de un solo trazo
de don Quijote
y su amigo Sancho.

*Don Quijote*,
de **Pablo Picasso**.

Patas finas,
andar ligero,
relincho en el campo.
Caballo Rocinante.

Orejas largas,
andar muy lento,
rebuzno bajo el sol.
Burro barrigón.

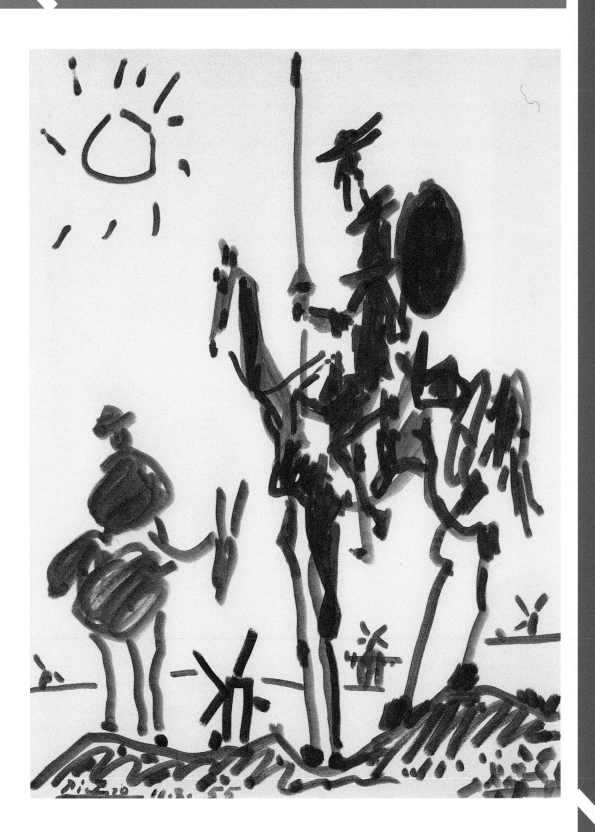

**P**eña pinta,

peña a peña,

un suroeste indígena

y otro de hispana herencia,

y pintando nos invita

a entender todo aquello

que la historia nos enseña.

*Colcha y olla,*
de **Amado Peña.**

Pies cautelosos.
Mirar atento.
Cuernos altos,
para tocar al sol.

Frida, Frida, Frida,

que pintas y pintas y pintas,

tu cara, tu cara, tu cara,

afirmando sobre el dolor

la belleza del arte

y de tu vida, Frida.

*Autorretrato con mono,*
de **Frida Kahlo.**

Ojos brillantes,

cuerpo peludo,

chillido alegre.

Chango-mono gracioso.

Águila veloz
que vuelas alto,
hablando de orgullo,
de amor tu canto.

Gracias,
pintora del campo.

*¡Viva la raza!*,
de **Hannah Zubizarreta.**

Alas abiertas,
vuelo alto,
voz en la montaña.
Águila veloz.

**G**rulla de pico largo,
bailando sobre un pie,
incluso en tu vuelo blanco.

Vuelo humilde,
como tu pintor franco.

*Cosecha de verano,*
de **Roberto Benítez.**

 Plumas finas,
cuello largo,
pico comedor.
Grulla en los lagos.

**G**atito rojo a mis pies

y en el bigote

tres pelos, tres.

–¿Qué ves con esos ojos

cuando miras del revés?

–Veo a Dalí y a Picasso

en Cadaqués.

*Composición,*
de **Joan Miró.**

Bigotes grandes.

Pelito en tu piel.

Gato amoroso,

con ojos de miel.

## 🎗 Joan Miró

Joan Miró es uno de los pintores españoles del siglo XX más famosos del mundo. Nació en Barcelona. Su estilo es *surrealista* y *abstracto*. Le gusta jugar con el color y la forma. A veces ve las cosas como los niños, y nos hace soñar. Fue amigo de otro gran pintor español, Pablo Picasso.

Joan Miró hizo muchas cosas hermosas. Hizo esculturas, cerámica y hasta teatro. Fue un artista internacional.

## La mujer del granjero

🎗 Mira los pies y las manos de la mujer del granjero. Mira las telas de su vestido y las figuras geométricas del cuadro. Observa el color de su cara. Miró pintó este cuadro empleando el estilo *cubista*, que aprendió de su amigo Picasso.

## Composición

🎗 Con breves trazos y círculos de color, el pintor crea una atmósfera de juego y emoción entre el gato y su dueño.

Cadaqués es el nombre de un pueblo cerca de Barcelona donde vivieron o al que visitaron Miró, Dalí y Picasso.

### ➤ ANÓNIMO

Cuando no se conoce el nombre del autor de una obra —sea de pintura, literatura, música u otras artes—, se dice que es *anónima*.

## Niña con gallo

➤ Con estos colores y estas líneas, este artista anónimo pintó con amor a alguien humilde, a alguien del pueblo. La niña tiene a un amigo en sus brazos. Los dos descansan juntos al final del día. Es un cuadro *expresionista*.

### ➤ RAMÓN DE LA SAGRA

Nació en España, y en verdad no fue un pintor, sino un científico. En su *Atlas físico, político y natural de Cuba* estudia la flora y la fauna cubanas.

## Tocororo

➤ Este grabado representa al *tocororo*, o *trogón*, un ave típica cubana que aparece en el mencionado *Atlas*. El pájaro y la rama del árbol están tan bien dibujados que parece una fotografía. Es una pintura *realista*.

## Fernando Botero

Nació en Medellín, Colombia, en 1932. Su padre murió cuando él tenía cuatro años y tuvo que luchar en solitario para llegar a ser pintor. Es un gran estudioso de la pintura clásica. Ama el color y cree que la pintura latinoamericana tiene como tema central a la familia. Su arte es apreciado mundialmente.

### *Naturaleza muerta con sopa verde*

Los cuadros donde aparecen frutas, vegetales y otras cosas de comer se llaman *naturalezas muertas*. Botero pinta escenas y figuras de tema familiar. La familia va a comer. El gato salta a la mesa y es sorprendido por el pintor. Botero define su pintura como *figuración postabstracta*.

## Francisco de Goya

Nació en Zaragoza, España, en 1746. Fue pintor de los reyes, pero también de la vida a su alrededor. Por la variedad de su obra, su sentido del color y cuidado del detalle, se le considera uno de los grandes genios de la pintura española. Murió en 1828.

### *Dos niños con dos perros*

Las figuras pintadas por Goya se ven fuertes. Parece que se mueven. Aquí, los niños están dibujados con tanto detalle que hasta se ven los pliegues de la ropa. En sus cuadros, pues, hay *realismo*.

## Pablo Picasso

Nació en Málaga, España, en 1881. Vivió mucho tiempo en París. Está considerado como "el genio del siglo XX" porque creó una forma nueva de pintar la realidad llamada *cubismo*. Fue creador de cerámicas e hizo litografías. Pintó con todo tipo de materiales y en diferentes estilos. También fue escultor. Murió en 1973.

### *Don Quijote*

Don Quijote es un personaje literario creado por Miguel de Cervantes. Su amigo y sirviente, Sancho Panza, lo acompaña en sus aventuras por Castilla. Aquí aparece frente a los molinos, en una escena del libro de Cervantes. Picasso amaba a ese personaje. Este es un dibujo a tinta, hecho con trazos irregulares.

## Amado Peña

Amado Peña se define a sí mismo como "mestizo", descendiente de españoles y de nativos americanos yaqui. Estudió en la Universidad de Texas A & I y enseñó arte por muchos años, al tiempo que creaba pinturas de enorme fuerza y quietud. Vive en Santa Fe, Nuevo México.

### *Colcha y olla*

Así es su obra: una pintura moderna hecha a la manera de los indígenas americanos. En este dibujo de líneas geométricas y colores fuertes, que recuerda los tejidos navajos, un artesano indígena regala su olla a una diosa, la Madre Tierra...

### 🎗 FRIDA KAHLO

Es una de las figuras más renovadoras de la pintura mexicana (1910-1954). Repitió incansablemente su autorretrato, pintando en la cama, donde pasó mucho tiempo a consecuencia de un grave accidente de tranvía. Fue esposa de otro gran pintor, Diego Rivera. Frida y Diego fueron el centro de la vida cultural mexicana en su tiempo.

## *Autorretrato con mono*

🎗 Cuando un artista hace un retrato de sí mismo, la obra se llama *autorretrato*. Los cuadros de Frida Kahlo son *expresionistas*. Usaba símbolos, objetos o animales que para ella significaban algo especial.

### 🎗 HANNAH ZUBIZARRETA

Nació en San Francisco, California, en 1966. Desde muy joven sintió la pasión por el color y la forma. Estudió en la Academia de Bellas Artes de San Francisco. Es una gran retratista y paisajista.

## *¡Viva la raza!*

🎗 El centro de este cuadro es el Águila Azteca, símbolo de la Unión de Trabajadores Campesinos, creada en California por César Chávez. Es un homenaje al esfuerzo y a los logros de los campesinos latinos en Estados Unidos.

### ⚮ ROBERTO BENÍTEZ

Es un pintor *primitivista* de Oaxaca, México. Vive en el campo y pinta lo que tiene a su alrededor. Él mismo vende sus pinturas en las calles de su ciudad.

## *Cosecha de verano*

⚮ Esta obra capta la realidad de la vida y el trabajo en el campo de forma armónica. Se nos presenta a la comunidad trabajando junta, ayudándose unos a otros. Todos los detalles son importantes. El color es fiel a la realidad del campo mexicano. Esta pintura es de estilo *primitivista*.

## ACKNOWLEDGMENTS

**Cover; page 23** / Roberto Benítez, *Cosecha de verano*. From the collection of Alma Flor Ada and F. Isabel Campoy.

**Page 5** / Joan Miró, *La mujer del granjero*, 1922-23. Copyright © 2000 Artists Rights Society (ARS), New York / ADAGP, Paris. Reproduction authorized by ARS.

**Page 7** / Anónimo, *Niña con gallo*. Copyright © Centro Popular de Pintura de San Antonio Abad / Gabriel Fernández Ledesma Collection / Mexico. Extensive research failed to locate the copyright holder of this work.

**Page 9** / Ramón de la Sagra, *Trogon temnurus (Tocororo)*, 1004668.011. Copyright © The British Library. By permission of the British Library.

**Page 11** / Fernando Botero, *Naturaleza muerta con sopa verde*, 1972. Copyright © Fernando Botero, *Still Life with Green Soup*, 1972, courtesy of Marlborough Gallery, New York.

**Page 13** / Francisco de Goya, *Dos niños con dos perros*. Copyright © Museo del Prado / Madrid / All rights reserved. Reproduction authorized by Museo del Prado.

**Page 15** / Pablo Picasso, *Don Quijote*, 1955. Copyright © 2000 Estate of Pablo Picasso / Artists Rights Society (ARS), New York and Private Collection / Peter Willi / Bridgeman Art Library. Reproduction authorized by ARS.

**Page 17** / Amado Peña, *Colcha y olla*, 1988. Copyright © Amado M. Peña, Jr. Reproduction authorized by the artist.

**Page 19** / Frida Kahlo, *Autorretrato con mono*, 1938. Copyright © 2000 Reproduction authorized by Instituto Nacional de Bellas Artes y Literatura and Banco de México, Fiduciario en el Fideicomiso relativo a los Museos Diego Rivera y Frida Kahlo.

**Page 21** / Hannah Zubizarreta, *¡Viva la raza!*, 1999. From the collection of Alma Flor Ada and F. Isabel Campoy.

**Page 25** / Joan Miró, *Composición*. Copyright © 2000 Artists Rights Society (ARS), New York / ADAGP, Paris. Reproduction authorized by ARS.